BEI GRIN MACHT SICH IHR WISSEN BEZAHLT

AF153563

- Wir veröffentlichen Ihre Hausarbeit, Bachelor- und Masterarbeit

- Ihr eigenes eBook und Buch - weltweit in allen wichtigen Shops

- Verdienen Sie an jedem Verkauf

Jetzt bei www.GRIN.com hochladen und kostenlos publizieren

Zusammenspiel von Nervensystem und Hormonen

Xenia Rosewood

Bibliografische Information der Deutschen Nationalbibliothek:

Die Deutsche Nationalbibliothek verzeichnet diese Publikation in der Deutschen Nationalbibliografie; detaillierte bibliografische Daten sind im Internet über http://dnb.d-nb.de abrufbar.

ISBN: 9783346893819
Dieses Buch ist auch als E-Book erhältlich.

Das Buch bei GRIN: https://www.grin.com/document/1363303

SRH Fernschule – The mobile University

Fachbereich 4 – Soziale Arbeit und Gesundheit

Studiengang Psychologie (B.Sc.)

Sonderprüfung Einsendeaufgabe

Modul: Biologische Psychologie

Vorgelegt von: Xenia

Inhaltsverzeichnis

1. Beschreiben Sie den Unterschied zwischen dem somatischen und dem vegetativen Nervensystem.

Das Nervensystem bei Wirbeltieren wird in das Zentralsystem (ZNS) und das periphere Nervensystem (PNS) untergliedert. Das ZNS besteht aus dem Gehirn und dem Rückenmark, das in der Wirbelsäule liegt. Alle anderen Nervenfasern gehören zum PNS. Das periphere Nervensystem besteht aus zwei Teilen: dem somatischen Nervensystem und dem vegetativen (autonomen) Nervensystem. Siehe folgende Darstellung:

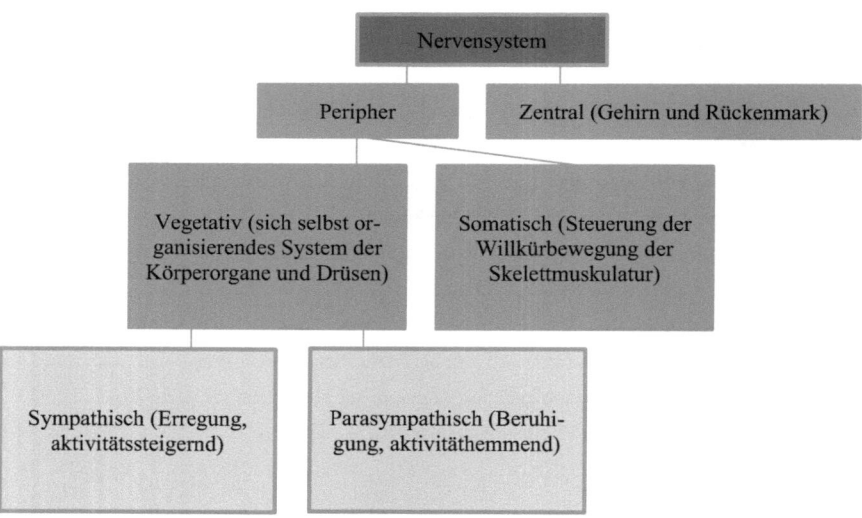

Abbildung 1

1. Somatisches Nervensystem

Das somatische Nervensystem steuert die bewusst ablaufenden Körperfunktionen, zum Beispiel bewusste Bewegungen. Das somatische Nervensystem umfasst zum einen die bewusste Wahrnehmung von Umweltreizen und Reizen aus dem Körperinneren und zum anderen die bewusste und willkürliche Steuerung von Bewegungen. Den Anteil der Wahrnehmung nennt man auch sensorisches System, den der Steuerung von Bewegungen motorisches System. Das sensorische System (lat. sens – Sinn) umfasst die Sinne des Menschen und die Weiterleitung der aufgenommenen Reize über entsprechende Nervenbahnen an das Gehirn[1].

Das somatische, oder auch als willkürlich bezeichnete, Nervensystem ist für die sensible und motorische Innervation aller Strukturen des menschlichen Körpers mit Ausnahme von Organen, Drüsen und Blutgefäßen verantwortlich. Anders gesagt, überträgt es Empfindungen aus dem Körper (Schmerz, Berührung, Temperatur) und innerviert Skelettmuskeln, die unter bewusster oder willentlicher Kontrolle stehen und initiiert damit Bewegung. Darüber hinaus ist das somatische Nervensystem an spinalen Reflexen beteiligt, beispielsweise am Wegziehreflex. Es hilft uns also unsere Hand sofort wegzuziehen, wenn wir einen heißen Gegenstand berühren.

Sowohl Hirn- als auch Spinalnerven tragen zum somatischen Nervensystem bei. Hirnnerven ermöglichen vor allem die willentliche motorische Kontrolle der mimischen Muskulatur sowie der Muskeln von Gesicht und Hals. Des weiteren können wir durch sie Empfindungen im Gesicht wahrnehmen. Das somatische Nervensystem ermöglicht es uns, die Bewegungen unserer Skelettmuskulatur unter Kontrolle zu halten. Beispielsweise, um auf die nächste Seite umzublättern, wird das somatische Nervensystem des Gehirn Informationen über den momentanen Zustand der Skelettmuskeln übermitteln und daraufhin Instruktionen über die Bewegungen zurücksenden, die zum Umblättern erforderlich sind[2].

2. Vegetatives Nervensystem

Das vegetative Nervensystem ist traditionell vom cerebrospinalen (somatischen, animalischen) Nervensystem hinsichtlich des unterschiedlichen Grades bewusster Einflussnahme, die die Person über die jeweils assoziierten Prozesse ausüben kann, unterschieden worden. Während das cerebrospinale System für bewusste und willkürliche Funktionen (z.B. Wahrnehmung und Motorik) zuständig ist, besteht für das vegetative Nervensystem eine relative Unabhängigkeit (Autonomie) von personalen beziehungsweise intentionalen Zuständen und Prozessen. Die Person kann also kaum einen willentlichen Einfluss auf das vegetative Nervensystem ausüben, es funktioniert weitgehend automatisch[3]. Das vegetative Nervensystem, auch autonomes Nervensystem genannt, steuert die unbewusst ablaufenden Körperfunktionen, zum Beispiel den Herzschlag. Zum vegetativen Nervensystem gehören der Sympathikus, Parasympathikus und das enterische Nervensystem. Das vegetative Nervensystem steuert die Funktion innerer Organe

---

[1] Vgl. Myers: 2014, S. 93
[2] Vgl. Myers: 2014, S. 93
[3] Vgl. Schröger: 2010, S. 126

und ist normalerweise durch den Willen nicht beeinflussbar. Das vegetative Nervensystem wird klassischerweise in einen sympathischen (Sympathikus) und einen parasympathischen Teil (Parasympathikus) unterteilt, die gegenteilige Wirkungen haben.[4] Dies ist vergleichbar mit den Muskeln des Oberarms: der Muskel auf der Vorderseite beugt den Arm, der auf der Rückseite streckt ihn wieder. So sorgt der Sympathikus für Anspannung z.B. in Gefahrensituationen, Angst und Stress, der Parasympathikus für das Gegenteil, nämlich Entspannung, Ruhe und Regeneration. Das VNS ist für die sensible und motorische Innervation der glatten Muskulatur, der Blutgefäße, der Drüsen und der inneren Organe verantwortlich. Als solches sorgt es für die Regulierung der viszeralen und glandulären Funktionen und spielt somit eine Rolle in der Aufrechterhaltung der Homöostase. Alle vegetativen Nerven sind mit einem sympathischen oder parasympathischen Ganglion verbunden. Der Anteil des Nervs vor dem Ganglion wird als präganglionisch bezeichnet und trägt den Impuls in Richtung der Gruppe von Zellkörpern. Der vom Ganglion ausgehende Teil wird als postganglionisch bezeichnet und leitet den Impuls von den Zellkörpern weg.

Das VNS kann in drei Hauptgruppen unterteilt werden: sympathisch, parasympathisch und enterisch[5]:

- Der **sympathische Teil** bereitet den Körper auf Phasen körperlicher Aktivität vor, zum Beispiel durch Regulierung der Blutgefäße, Erweiterung der Pupillen, Erhöhung von Herzfrequenz und Blutdruck sowie Verminderung der Peristaltik.

- Der **parasympathische Teil** hilft dem Körper Energie zu speichern, er steuert Ruhe- und Verdauungsfunktionen, Ernährung und Fortpflanzung. Dies geschieht durch Mechanismen, die das Herz-Kreislauf-System verlangsamen, die Drüsensekretion stimulieren und die Peristaltik erhöhen. Der parasympathische Teil ist auch an sexueller Erregung und Tränenfluss (Weinen) beteiligt.

- Das **enterische Nervensystem** (ENS) liegt in den Wänden des Gastrointestinaltrakts und besteht aus dem Plexus myentericus (Auerbachscher Plexus) und dem Plexus submucosus (Meissnerscher Plexus). Sie arbeiten zusammen, um die Peristaltik im Verdauungssystem zu kontrollieren.

Das autonome Nervensystem erfüllt wie gerade erwähnt zwei wichtige, grundlegende Funktionen. Der Sympathikus versetzt uns in Erregung und verbraucht dabei Energie. Das heißt, er

---

[4] Vgl. Birbaumer/Schmidt: 2010, S. 102
[5] Vgl. Ken Hub - Peripheres Nervensystem (Stand: 26.03.2020)

bereitet uns in Gefahr- bzw. Stresssituationen oder bei Herausforderungen auf eine angemessene Reaktion vor. Dies passiert dadurch, dass er die Herzfrequenz zunehmen lässt, den Blutdruck erhöht, die Verdauung verlangsamt, den Blutzuckerspiegel steigen lässt und uns durch Schwitzen abkühlt[6]. Dadurch sind wir aufmerksam und bereit, uns der Situation zu stellen. Sobald der Stress nachlässt ruft der Parasympathikus die umgekehrten Effekte hervor. Energie wird nicht verbraucht, sondern eingespart, während der Parasympathikus durch Verlangsamung des Herzschlags und Senkung des Blutzuckers beruhigend wirkt. In jeder alltäglichen Situation arbeiten Sympathikus und Parasympathikus zusammen, um unseren inneren Zustand stabil zu halten[7].

3. Unterschied zwischen dem somatischen und dem vegetativen Nervensystem

Die Unterscheidung des somatischen vom vegetativen Nervensystem anhand des Bewusstseinskriteriums zieht eine harte Trennlinie, die so in der Realität nicht aufrechterhalten werden kann: Viele Signale haben durchaus eine bewusstwerdende Komponente, so wie beispielsweise Geruch und Geschmack oder der „Eingeweideschmerz". Dass Geruch und Geschmack dennoch vegetative Reizbahnen sind, erkennt man an der starken Affekthaftigkeit dieser Wahrnehmungen und den viszeralen Reaktionen, die sie in der Lage sind auszulösen (Erbrechen, Übelkeit). Die Mimik des Gesichts ist beispielsweise nur zum Teil der Willkür unterworfen, Affekte kommen hier auch unwillkürlich oder sogar gegen den Willen zum Ausdruck. Der Schluckvorgang als weiteres Beispiel kann sowohl willkürlich als auch unwillkürlich eingeleitet werden. Eine strenge Abgrenzung zwischen bewussten und unbewussten neuronalen Funktionen ist auch deshalb schwierig, weil die Begriffe bewusst und unbewusst zwar logisch voneinander zu trennen sind, nicht aber in der Praxis, da neben diesem begrifflichen Gegensatzpaar vor allem in der Wahrnehmungspsychologie fließende vorbewusste Übergänge bestehen. Das vegetative Nervensystem arbeitet nicht völlig autonom. Diese Unterscheidung in ein System, das willentlich kontrollierbar und dem Bewusstsein zugänglich ist, und ein System, das völlig automatisch arbeitet und dem Bewusstsein unzugänglich ist, sollte aus verschiedenen Gründen jedoch nicht zu streng genommen werden, denn afferente Informationsflüsse können aus dem vegetativen Nervensystem durchaus zu Empfindungen führen[8]. Tatsächlich stehen uns über die Interozeption, die Wahrnehmung interner Zustände, eine Reihe von wichtigen Informationen zur

---

[6] Vgl. Myers: 2014, S. 93
[7] Vgl. Myers: 2014, S. 93
[8] Vgl. Schröger: 2010, S. 126

Verfügung. Beispielsweise können Diabetiker trainiert werden, autonome Indikatoren der Über- oder Unterzuckerung wahrzunehmen. Sie werden dadurch in die Lage versetzt, rechtzeitig eine angemessene Medikation einzuleiten. Außerdem können wir über Neuro-/Biofeedback-Verfahren teilweise Kontrolle über Funktionen erlangen, die dem vegetativen Nervensystem zugeschrieben werden. Solche Verfahren werden mit einem gewissen Erfolg bei der Behandlung von Bluthochdruck oder Migränekopfschmerz eingesetzt. Auf das Neurofeedback, auch Biofeedback genannt, gehe ich unter dem Kapitel 3 genauer ein.

In der rein begrifflichen Unterscheidung zwischen vegetativem und somatischen/anomalem Nervensystem kommen auch historische Unterscheidungen zum Ausdruck, durch die Theorien des Animismus und Vitalismus fortgesetzt wurden und sich auf das Leib-Seele-Problem beziehen. Dieses Problem kann jedoch nicht unabhängig vom Bewusstseinskriterium gesehen werden.

2. Erläutern Sie die Funktion von vier verschiedenen Hormonen, die von der Hypophyse ausgeschüttet werden.

Hormone sind organische, zu verschiedenen Stoffklassen zählende Verbindungen, die in besonderen Körperzellen gebildet und an die Körperflüssigkeiten abgegeben werden. Es sind Botenstoffe, die schon in geringer Konzentration hoch wirksam sind. Über das Hormonsystem werden insbesondere Reproduktion, Wachstum und Entwicklung, Mobilisierung von Abwehrkräften gegen Stressoren, Aufrechterhaltung des Elektrolyt-/Wasser- und Nährstoffgleichgewichts des Bluts, der Zellstoffwechsel und das Energiegleichgewicht reguliert. Im Unterschied zum Nervensystem, das für schnelle und zielgerichtete Steuerung der Körperstrukturen ausgelegt ist, ist das Hormonsystem für eine Informationsübertragung, die langsamer wirkt, deren Wirkung aber länger andauert, zuständig. Um diese Informationsübertragung zu gewährleisten, bedient sich das Hormonsystem spezieller chemischer Stoffe, der Hormone (griech. *hormao* = antreiben). Die Hypophyse wird als die wichtigste Hormondrüse des Organismus angesehen.

Die Hypophyse, auch Hirnanhangsdrüse genannt, wird in die Adenohypophyse und die Neurohypophyse untergliedert. Die Adenohypophyse setzt sich dabei aus dem Hypophysenvorderlappen, dem Trichterlappen und dem Mittellappen zusammen, der Hypophysenhinterlappen bildet die Neurohypophyse[9]. Die Hypophyse schüttet u. a. folgende Hormone aus: Oxytocin,

---

[9] Vgl. Faber/Haid: 1995, S.112

Vasopressin, Somatotropin (STH), Adrenocorticotropes Hormon (ACTH). Die Funktionen dieser Hormone möchte ich nun genauer darstellen.

1. Oxytocin

Das Oxytocin wirkt kontraktierend (zusammenziehend) auf den Uterus und fördert die Milchbildung. Interessanterweise wird Oxytocin auch ausgeschüttet durch jede Art von angenehmen Körperkontakt, durch Wärme und Massieren sowie beim Stillen durch den Saugimpuls des Säuglings. Die Speicherung von Oxytocin erfolgt im Hypophysenhinterlappen (die Hypophyse besteht aus 2 Anteilen: dem Hypophysenvorderlappen und -hinterlappen. Der Hinterlappen enthält zahlreiche markarme Nervenzellen. Der Vorderlappen verfügt über viele verschieden Drüsenzellen). Neurochemische Studien zeigen, dass Oxytocin bei Menschen mit psychischen Zuständen wie Liebe, Vertrauen, Ruhe und Stressreduktion im Zusammenhang gebracht wird[10]. Körperliche und seelische Belastungen schränken den Effekt von Oxytocin ein und verringern den Milchfluss. Entspannung löst das Problem.

Das Wort Oxytocin kommt aus dem Griechischen und bedeutet soviel wie "schnelle Geburt", da es für die Kontraktionen der Gebärmutter bei der Geburt sowie für die Milchabsonderung beim Stillen des Neugeborenen eine wichtige Rolle spielt. Namensgeber ist Sir Henry Dale, der das Hormon 1906 entdeckte. Nach Isolation und Synthetisieren von Oxytocin und dem strukturell sehr ähnlichen Hormon Vasopressin im Jahr 1953 von Vincent du Vigneaud, erregten zahlreiche Studien zu Oxytocin die Aufmerksamkeit der Öffentlichkeit, da Oxytocin in mehr biologische Prozesse involviert ist, als man bis dato erwartet hatte. Es wurde deutlich, dass das Hormon sowohl als klassisches Hormon mit peripherem Charakter als auch als Neurotransmitter mit direktem Einfluss auf das zentrale Nervensystem fungiert. Es ist verantwortlich für vielfältige psychosoziale Funktionen beim Menschen. Es erhöht das Vertrauen, die Großzügigkeit, das Mitgefühl gegenüber anderen und beeinflusst die Stressreaktion. Das Hormon verstärkt außerdem die Erfassung von Emotionen, insbesondere im Bereich der Augen, was dazu führt, dass die Befindlichkeit anderer besser wahrgenommen werden kann. Oxytocin weist aber auch Schattenseiten auf. Das Hormon verstärkt die mütterliche Fürsorge dahingehend, dass auf Außenstehende aggressiv reagiert wird. Das Level von Neid und Schadenfreude steigt ebenfalls an[11].

---

[10] Vgl. Changeux et al: 2005, S.
[11] Vgl. Bethlehem et al.: 2012

2. Vasopressin

Das Vasopressin ist ein antidiuretisches Hormon (blockiert die Diurese), da eine vermehrte Rückresorption des Primärharns in der Niere erfolgt. Das Vasopressin wird im Hypothalamus gebildet und in dem Hypophysenhinterlappen gespeichert. Vasopressin - auch als Antidiuretisches Hormon bekannt - kontrolliert das zirkulierende Blutvolumen und seine Kochsalzkonzentration. Rezeptoren in der Herzwand und im Gehirn registrieren Blutverlust oder einen Anstieg der Salzkonzentration im Blut und lösen eine ADH-Freisetzung aus dem HHL aus. Dieses regt die Nieren zur vermehrten Rückresorpbtion des Wassers aus dem Harn ins Blut an, wodurch der Urin konzentrierter wird. Das Blutvolumen steigt an, die Salzkonzentration verringert sich weiter. Da es vor allem nachts ausgeschieden wird, ermöglicht es gesunden Erwachsenen, ohne Bettnässen durchzuschlafen. Vasopressin hat außerdem eine enorme Bedeutung bei der Entstehung von Durstgefühlen und der Steuerung des Wasserhaushalts im Körper[12].

3. Somatotropin (STH)

Das Somatotropin wirkt auf die Knorpelzonen und ist wichtig für die Wachstumsprozesse. Deshalb wird es auch manchmal Wachstumshormon genannt. Es wird über die Ausschüttung von Somatoliberin und Somatostatin aus dem Hypothalamus gebildet. Diese Substanzen wirken auf die Hypophyse, welches dann das Somatotropin bildet. Es wird während des Schlafes produziert und vor allem in der Pubertät ausgeschüttet. Über den Missbrauch von Wachstumshormon im Sport wurde in den letzten drei Jahrzehnten immer wieder berichtet und spekuliert. Mit der Anwendung von Wachstumshormon erhoffen sich Sportler Leistungsgewinne, wobei auf anabole Effekte des Hormons gesetzt wird[13]. Es wird in der Hypophyse in großen Mengen gebildet und dann ins Blut ausgeschüttet. Über die Blutbahn erreicht HGH die verschiedenen Zellen des Körpers, wo es seine Wirkungen entfalten kann. Die Tatsache, dass es in großen Mengen in der Hypophyse gebildet wird, führte dazu, dass HGH zur therapeutischen Anwendung früher aus den Hypophysen von Toten isoliert wurde. Eine technische Produktion ist heutzutage über gentechnische Verfahren gewährleistet, wobei Bakterienzellen verwendet werden. Durch die

---

[12] Vgl. Karim: 2015, S. 48
[13] Vgl. Deutsche Sporthochschule Köln - Wachstumshormon (Stand: 25.03.2020)

gentechnische Produktion ist die gesundheitliche Sicherheit der Produkte aber auch die wirtschaftliche Bereitstellung des Hormons in großen Mengen gesichert.

4. Adrenocorticotropes Hormon (ACTH)

Das adrenocorticotrope Hormon wird bei chronischem Stress von der Hypophyse ausgeschüttet. Es wird im Drüsenanteil, dem Vorderlappen, der Hypophyse gebildet und ins Blut abgegeben. Es bewirkt, dass die Nebennierenrinde Cortisol ausschüttet. Es ist also Teil der zweiten Stressachse. Bei lang andauerndem, chronischem Stress springt diese zweite Stressachse an. Die Hypophyse schüttet ACTH aus, welches wiederum bewirkt, dass die Nebennierenrinde Cortisol ausschüttet. Cortisol wirkt entzündungshemmend, aber auch immunsuppressiv. Neuroanatomische Untersuchungen zeigen darüber hinaus, dass Cortisol die Neuronen im Hippocampus zerstören. Daher können Menschen mit chronischem Stress an Gedächtnis- und Konzentrationsproblemen leiden[14].

3. Erläutern Sie Prinzip und Anwendungsmöglichkeiten von Neurofeedback

1. Ziele und Funktionsweise des Neurofeedback

Neurofeedback, auch EEG-Biofeedback genannt, bezeichnet die visuelle oder akustische Rückmeldung ("Feedback") bestimmter Signale des Körpers ("Bio"), genauer der Hirnstromaktivität, die der Mensch unter normalen Bedingungen nicht wahrnehmen kann. Durch die Bewusstmachung der im Körper ablaufenden Prozesse soll es möglich werden, auf die eigenen cerebralen Erregungszustände Einfluss zu nehmen und diese dauerhaft zu verändern. Verschiedenen Krankheitssymptomen, die mit einer Störung der Regulation kortikaler und subcortikaler Strukturen einhergehen, soll auf diese Weise begegnet werden[15]. Neuronale Fehlregulationen äußern sich in der Überstimulation (overarousal), Unterstimulation (underarousal), mangelnder Hemmung (Disinhibition) oder Instabilität der Erregungsbänder verschiedener Gehirnareale[16]. Um beispielsweise zu besserer Konzentrationsfähigkeit und effektiverem Lern- und Leistungsverhalten zu gelangen, werden die Hirnströme mittels mehrerer Elektroden direkt von der

---

[14] Vgl. Karim: 2015, S. 48
[15] Vgl. Karch et al.: 2007, S.3
[16] Vgl. Strehl et al.: 2004, S.181

Kopfhaut abgeleitet, verstärkt und auf einen Computer übertragen. Die unterschiedlichen Erregungszustände erscheinen dann auf dem Bildschirm in Form eines Bildes bzw. einer spielerischen Animation, deren Inhalte beweglich sind. Ziel beim Neurofeedback-Training ist es nun, mit Hilfe der eigenen Gedanken diese Bilder in eine bestimmte Richtung zu verändern, etwa eine welke Blume zum Blühen zu bringen oder einen Ball nach oben oder unten in ein Tor zu schießen. Dies geschieht über die wechselweise bewusste Aktivierung oder Deaktivierung ausgewählter Gehirnbereiche. Zunächst über Versuch und Irrtum lernt der Betroffene im Laufe eines Neurofeedback-Trainings, mittels persönlicher Strategien die gewünschten Effekte auszulösen. So könnte man sich beispielsweise vorstellen, entspannt am Strand zu liegen, um über das dadurch erzeugte neuronale Erregungsmuster den auf dem Monitor dargestellten Ball in das untere Tor zu schießen. Soll der Ball hingegen in das obere Tor befördert werden, versetzt man sich gedanklich in das Szenario eines aufregenden Wettkampfes oder einer Achterbahnfahrt. Durch die jeweils unmittelbare Erfolgsrückmeldung kann es schließlich gelingen, zuvor unbewusst ablaufende körperliche Vorgänge willentlich zu steuern. Die erlernte Selbstkontrolle entwickelt sich durch tägliches Üben zu einer konditionierten Reaktion, die im Endziel eines solchen Trainings auch ohne Anbindung an ein Feedbackgerät bewusst abrufbar sein soll[17].

2. Einsatzbereiche des Neurofeedback

Neurofeedback stellt insbesondere in den USA eine etablierte Behandlungsmethode dar. Die NASA setzt diese Trainingsmethode schon seit geraumer Zeit in der Ausbildung ihrer Piloten ein, um deren Konzentrationsfähigkeit zu erhöhen. Sie findet darüber hinaus Anwendung in der Behandlung unterschiedlicher Störungsbilder wie[18]:

- Aufmerksamkeitsdefizit- und Hyperaktivitätsstörung
- Epilepsie
- emotionale Störungen (Ängste, Depressionen)
- Suchterkrankungen
- Schlafstörungen
- Schmerzen (z.B. Migräne, chronischer Rückenschmerz)
- Schlaganfall

---

[17] Vgl. Strehl et al.: 2004, S.181
[18] Vgl. Kraft: 2005, S.14-15

9

- Tinnitus

- Stress

- Herz-Kreislauf-Erkrankungen (z.B. Bluthochdruck)

- Inkontinenz

Der Katalog der Einsatzmöglichkeiten erscheint recht vielfältig und nahezu grenzenlos. Doch handelt es sich wohl derzeit, insbesondere hierzulande, noch um ein eher experimentelles Verfahren, dessen Anwendung und Konzeption noch in den Kinderschuhen steckt. Kontrollierte Studien auf der Grundlage umfangreicher Stichproben stehen noch aus, um die spezifische Wirkung dieser neurophysiologischen Intervention endgültig nachzuweisen. In jüngster Vergangenheit wurden jedoch erste wichtige Schritte in diese Richtung unternommen.

3. Ein kurzer historischer Abriss

Die Anfänge des EEG-Biofeedback reichen bis an den Beginn des 20. Jahrhunderts zurück. Edward Lee Thorndikes Vorarbeiten zum operanten Konditionieren, Iwan Petrowitsch Pawlow, der das Konzept der klassischen Konditionierung entwickelte und Hans Berger, der erstmals elektrische Potentiale des Gehirns von der Kopfhaut ableitete, schufen mit ihren Arbeiten entscheidende Voraussetzungen für die einige Jahrzehnte später einsetzenden Forschungen. Der Schlafforscher Barry Stermann gilt als entscheidender Wegbereiter des Neurofeedback[19]. Er entdeckte bei seinen hirnphysiologischen Untersuchungen an Katzen im Bereich des sensomotorischen Cortex ein Hirnstrommuster zwischen 12 und 15 Hertz. Dieses Erregungsmuster nannte er Sensomotorischen Rhythmus (SMR). Mittels operanten Konditionierens konnte er seine Versuchstiere dazu bringen, vermehrt SMRs zu produzieren. Bei der Austestung eines epilepsieauslösenden Stoffes im Rahmen einer anderen Untersuchung entdeckte Stermann zufällig, dass die Katzen, die zuvor die Erzeugung der SMRs gelernt hatten, in ihrer Reaktion keine epileptischen Anfälle entwickelten. Anfang der siebziger Jahre fand er dann tatsächlich auch Hinweise, dass das Anfallrisiko ebenfalls bei Menschen mit Epilepsie mit Hilfe eines SMR-Trainings reduziert werden kann. Erste Anwendungen in Verbindung mit der Behandlung von Aufmerksamkeitsdefiziten (ADHS) wurden von Joel Lubar beschrieben. Er führte den Begriff Neurofeedback ein und betonte damit die klinisch-neurologische Symptomatik als Therapiegegenstand[20]. Im Zuge der ersten Welle von Begeisterung, die das Neurofeedback in den

---

[19] Vgl. Kraft: 2005, S.15
[20] Vgl. Karch et al.: 2007, S.1

sechziger und siebziger Jahren auslöste, wurde es jedoch verfrüht als Allheilmittel für sämtliche Leiden angepriesen, ohne dass entsprechende valide Effektstudien vorlagen. So landete es schnell in der Esoterikecke. In der jüngsten Vergangenheit zieht das EEG Biofeedback erneut das Interesse vieler Forscher und Universitäten und auch der Medien auf sich. Studien auf empirisch breiterer Basis haben begonnen, spezifische Effekte des Feedback-Trainings auf unterschiedliche Krankheitsverläufe zu untersuchen. Sie scheinen dabei nicht wenig erfolgreich. Einen Überblick über einige Studien zur Behandlung von ADHS mittels Feedback-Training gibt der Abschnitt 5.

4. Neurophysiologische Parameter der Gehirnaktivität

Um das therapeutische Vorgehen sowie die Ansätze und Inhalte der Forschungen zum Neurofeedback zu verstehen, ist es notwendig, einige wesentliche Komponenten des EEG zu kennen. Von Bedeutung sind dabei, neben den Frequenzen, die Amplituden der abgeleiteten und aufgezeichneten Kurven. Eine im EEG gemessene Spannung ist umso größer, je mehr Nervenzellen eines Bereichs synchron "feuern"[21].

4.1. Die Frequenzbänder der Grundaktivität im Spontan-EEG

Hinsichtlich der auftretenden Frequenzen bzw. der an der Kopfhaut gemessenen elektrischen Potenzialschwankungen lassen sich zur Beschreibung der geistigen Aktivitätszustände fünf wichtige Grundmuster unterscheiden[22]:

Delta-Wellen (0,5 - 3 Hz): Diese langsamen hochamplitudigen Wellen dominieren im traumlosen Tiefschlaf. Sie spielen bei der Gedächtnisbildung eine unverzichtbare Rolle.

Theta-Wellen (4 - 7,5 Hz): Theta-Wellen kennzeichnen einen entspannten Zustand kurz vor dem Einschlafen. Andererseits bilden sie einen Bestandteil von Orientierungshandlungen, beispielsweise beim Ausschauhalten nach dem richtigen Weg.

Alpha-Wellen (7,5 – 12,5 Hz): Der Alpha-Rhythmus kennzeichnet einen entspannten Wachzustand, wie er beim ruhigen Liegen mit geschlossenen Augen erreicht wird. Einer zielgerichteten geistigen Aktivität wird dabei nicht nachgegangen. Lernen passiert im Alpha-Theta-Takt.

---

[21] Vgl. Karim: 2015, S. 73
[22] Vgl. Kraft.: 2005, S.16

Beta1-Wellen (15 – 20 Hz): Sobald man seine Aufmerksamkeit gezielt ausrichtet, um sich auf eine bestimmte Sache fest zu konzentrieren, laufen Beta-Wellen über die Hirnrinde. Sie zeigen ein erhöhtes Aktivierungsniveau an.

Beta2-Wellen/ Hochfrequentes Beta (22-30 Hz): Dieses außergewöhnlich hohe Erregungsmuster steht mit starker emotionaler Anspannung, wie etwa Leistungsangst, in Verbindung und versetzt den Organismus in eine Art Alarmbereitschaft.

4.2. Ereigniskorrelierte Potentiale

Mit Hilfe des EEG kann ebenfalls sichtbar gemacht werden, wie sich die Aktivität verschiedener Hirnregionen in der Reaktion auf einen inneren Reiz, wie etwa ein Gedanke, oder ein in der Umgebung stattfindendes Ereignis ändert. Die auf diese Weise entstehenden Erregungskurven werden als Ereigniskorrelierte Potentiale bezeichnet und lassen sich bestimmten Stufen der Reizverarbeitung zuordnen[23]. Je nachdem in welchem zeitlichen Abstand zum auslösenden Ereignis und in welche Richtung die Spannungsamplituden laufen, werden die entstehenden Kurven, genauer deren Wendepunkte, benannt. Prominenz erlangte unter anderem die so genannte P300 (Positivierung nach 300 ms), der insbesondere in Verbindung mit Aufmerksamkeits-, Gedächtnis- und Lernprozessen eine maßgebende Bedeutung zugeschrieben wird. Die Subkomponente P3a entspricht dabei den automatischen unwillkürlichen Aufmerksamkeitsprozessen, P3b der bewusst gesteuerten Antwort auf einen Stimulus. Die von diesen frühen und endogenen Verarbeitungskomponenten unterschiedenen Langsamen Potenziale (LPs) oder Slow Cortical Potentials (SCPs) im Frequenzbereich von unter 2 Hz können sogar einige Sekunden andauern und gelten als Maß für die Erregbarkeit der Neuronen der Hirnrinde (Cortex) in Verbindung mit der Vorbereitung auf ein motorisches oder kognitives Verhalten. Bereitet man sich zum Beispiel auf das Lösen einer Aufgabe vor, zeigen die EEG-Aufzeichnungen einen elektrisch negativen Ausschlag und weisen auf eine höhere Erregbarkeit der betreffenden Neuronenverbände hin. In dieser Erwartungsphase steigern sich geistiges Leistungsvermögen und Konzentration auf ein höchstmögliches Niveau. Während der daraufhin folgenden Auseinandersetzung mit der Problemstellung wandern die Potentiale dann in die elektrisch positive Richtung. Die Aufmerksamkeitskapazität verbraucht sich und das Leistungsvermögen bzw. die neuronale Erregbarkeit nimmt allmählich wieder ab[24]. Das Bereitschaftspotential, die Komponente der so genannten kontingenten, negativen Variation (CNV), korreliert mit der Vorbereitung von

---

[23] Vgl. Leins: 2004, S.49
[24] Vgl. Leins: 2004, S.50

motorischen Antworten[25]. Der Begriff Latenz ist dabei ein Maß für die Dauer der Reizverarbeitung.

5. Neurofeedback in der Behandlung von Aufmerksamkeitsdefiziten und Hyperaktivität

Ein wichtiges Anwendungsgebiet des EEG-Neurofeedback ist die Therapie von Kindern mit AD(H)S, da man durch EEG-Neurofeedback Patienten trainieren kann, ihre elektrische Gehirnaktivität selber zu regulieren. Darauf möchte ich unter 5.1 und 5.2 etwas näher eingehen.

5.1 Besonderheiten der Hirnstromaktivität bei Menschen mit AD(H)S

Minderleistungen bei Anforderungen, die eine hohe geistige Konzentration verlangen, gehen mit Auffälligkeiten der zentralen Informationsverarbeitung einher:

Spontan-EEG: Die höher frequenten Hirnströme (Alpha-/ Beta-Rhythmus) sind bei Kindern mit AD(H)S im Vergleich zu ihren unauffälligen Altersgenossen zugunsten einer vermehrten Theta-Aktivität schwächer ausgeprägt[26], wodurch diese Kinder möglicherweise häufiger schläfrig und verträumt wirken. Diese Untererregung zeigt sich insbesondere im Bereich des präfrontalen Cortex, einer Region, der eine entscheidende Bedeutung im Zusammenhang mit der Aufmerksamkeitssteuerung zukommt. Eine Reduktion exekutiver Kontrollfunktionen wie Handlungsplanung und Impulskontrolle ist die Folge. Weiter wurden im rechtsseitigen motorischen Cortex der Betroffenen weniger SMR-Wellen verbunden mit einer reduzierten Aufmerksamkeitssteuerung festgestellt[27]. Es gibt darüber hinaus Befunde, die eine gestörte intra- und interhemisphärische Kommunikation und Koordination (Kohärenz) verschiedener Hirnareale erkennen lassen[28].

5.2 Mögliche Ziele einer Neurofeedback-Therapie bei Menschen mit AD(H)S

Aus den dargestellten Befunden ergeben sich für die Verbesserung von Selbstkontrolle und Aufmerksamkeitssteuerung folgende mögliche Ziele einer Neurofeedback-Therapie[29]:

---

[25] Vgl. Leins: 2004, S.52

[26] Vgl. Fuchs et al, 2003
[27] Vgl. Strehl et al., 2004, S.181
[28] vgl. Karch et al., 2007, S.8
[29] Vgl. Karch et al., 2007, S.8

- Reduktion von Theta- und Verstärkung von Beta-Aktivität in den Frequenzbändern des präfrontalen Cortex
- Steigerung der SMR-Aktivität im motorischen Cortex
- Normalisierung der Latenzen und Amplituden von LCPs in Richtung vermehrter Negativierung

5.3. Empirische Studien und Behandlungseffekte

In der Mehrzahl dokumentierter Studien wurden den Patienten der Sensomotorische Rhythmus (SMR) und/ oder die Theta- und die Beta-Aktivität zurückgemeldet[30]. Die Therapieprogramme laufen in der Regel über Wochen oder mehrere Monate. Eine Trainingseinheit umfasst dabei 30-60 Minuten und findet mehrmals wöchentlich statt. Die Feedbackanforderungen werden im Verlauf schrittweise bis zur Erreichung der gewünschten Ergebnisse erhöht. Aus der vergleichsweise noch geringen Zahl bisheriger Veröffentlichungen sollen im Folgenden beispielhaft einige Studien und deren Ergebnisse vorgestellt werden. Effekte eines SMR-Neurofeedbacktrainings auf die Leistung des Arbeitsgedächtnisses sowie die Aufmerksamkeitsfähigkeit fanden die Londoner Forscher um Vernon[31]. Die untersuchten Probanden konnten nach einem entsprechenden Training in nur acht Sitzungen ihre Gedächtnisfähigkeit beim Reproduzieren von Wörtern um mehr als 10% steigern. Damit war ein erstmaliger Nachweis der Beeinflussbarkeit der Gedächtnisleistung durch Neurofeedback gelungen.

Fuchs et al. (2003) orientierten sich bei ihrer Studie im deutschsprachigen Raum, in der sie die Effekte einer medikamentösen Behandlung mit denen einer Neurofeedback-Therapie verglichen. An ihrer Studie nahmen insgesamt 34 Kinder mit der Diagnose einer einfachen ADHS im Alter von 8-12 Jahren teil, von denen 22 Kinder über einen Zeitraum von drei Monaten Neurofeedback erhielten. Die übrigen Kinder wurden in herkömmlicher Weise medikamentös mit Stimulanzien behandelt. Auf die Aufstellung einer Kontrollgruppe wurde aus ethischen und praktischen Gründen verzichtet. Jedoch können die vielfach nachgewiesenen Effekte einer medikamentösen Therapie nach der Argumentation der Autoren als valide Bezugsgröße gelten. Ziel des Trainings war es, den sensomotorischen Rhythmus und die Beta1-Aktivität im Gehirn zu verstärken und gleichzeitig die Theta- und Beta2-Aktivität zu reduzieren, um eine Steigerung der Aufmerksamkeitsfähigkeit zu erreichen. Im Ergebnis der Studie zeigten medikamentöse Behandlung und Neurofeedback-Therapie vergleichbar positive Effekte auf nahezu alle

---

[30] Vgl. Leins: 2004, S.53
[31] Vgl. Kraft: 2005, S.19

erfassten Leistungs- und Verhaltensbereiche mit Ausnahme der verbalen Intelligenz. Die mit Neurofeedback trainierten Kinder arbeiteten nach dreimonatiger Behandlung zügiger, mit geringerer Fehlerzahl und weniger impulsivem Arbeitsstil. Eltern und Lehrer beurteilten die mit ADHS in Verbindung stehenden Verhaltensweisen als weniger stark ausgeprägt als vor der Behandlung. Die direkte Veränderung der neurophysiologischen Parameter infolge des Neurofeedback-Trainings wurde in dieser Studie leider nicht erfasst. Hier berufen sich die Autoren auf vorliegende Studien, denen zufolge etwa zwei Drittel aller Kinder, die Neurofeedback erhielten, als so genannte „Responder" ihre Hirnströme beeinflussen konnten und ihre aufmerksamkeitsbezogenen Leistungen verbesserten.

Zur Feststellung der Spezifität der Wirksamkeit des Feedbacktrainings verglich Ulrike Leins (2004) aus der Tübinger Arbeitsgruppe um Niels Birbaumer im Rahmen ihrer Dissertation zwei Trainingsgruppen miteinander, die mit unterschiedlichen, möglicherweise zielführenden Parametern trainiert wurden. Dabei stellte sie die Behandlungseffekte auf den Theta/Beta- Quotienten den erzielten Veränderungen durch eine Stimulation der langsamen Potentiale gegenüber. Die erzielten Trainingseffekte fielen in beiden Experimentalgruppen jedoch vergleichbar stark aus, so dass der angestrebte Nachweis der Wirkfaktorspezifität nicht gelang. Dennoch bestätigten sich die Ergebnisse vorangegangener Studien. Die Kinder verbesserten ihre Aufmerksamkeit und kognitiven Leistungen signifikant und konnten gemäß der Eltern- und Lehrerurteile störungstypische Symptome, beispielsweise hinsichtlich der Selbstregulationsfähigkeit, deutlich abbauen. Die Effekte ließen sich auch noch sechs Monate nach Therapieende nachweisen. Eine weiterführende Analyse der EEG-Daten der Kinder, die hinsichtlich kognitiv-behaiviorale Verhaltensmerkmale als erfolgreich trainiert galten, verglichen mit den Daten der nicht erfolgreich trainierten Kinder, könnte weiteren Aufschluss über die Spezifität der Feedbackwirkung geben.

Literaturverzeichnis

BETHLEHEM R.A./VAN HONK J./ AUYEUNG B./ BARON-COHEN S.: Oxytocin, brain physiology, and functional connectivity: a review of intranasal oxytocin fMRI studies, 2012.

BIRBAUMER N./SCHMIDT, R.F.: Biologische Psychologie, Springer-Verlag GmbH, Wiesbaden, 2010.

CHANGEUX J.P./DAMASIO A. R./SINGER W./CHRISTEN Y.: Neurobiology of Human Values, Springer Fachmedien, Wiesbaden GmbH, 2010

FABER, H./HAID, H.: Endokrinologie, UTB, Stuttgart,1 995

FUCHS,T./BIRBAUMER N./LUTZENBERGER, W./GRUZELIER, J.H./KAISER, J.: Neurofeedback. Treatment for Attention-Deficit/ Hyperactivity Disorder in Children: A Comparison With Methylphenidate. Applied Psychophysiology and Biofeedback. Vol.28: No.1, 2003.

KARCH, D./Bode, H./BOLTSHAUSER, E./PIETZ, J./PLECKO, B./SPRINZ, A.: EEG-Feedback bei Aufmerksamkeits-/Hyperaktivitätsstörung im Kindes- und Jugendalter-Stellungnahme der Gesellschaft für Neuropädiatrie und der Deutschen Gesellschaft für Sozialpädiatrie und Jugendmedizin: Online-Publikation, 2007.

KARIM, A.A.: SRH Studienbrief, Biologische Psychologie, Titel Nr. 1184-01, Riedlingen, 2015.

KRAFT, U.: Lenke deinen Geist. In: Gehirn und Geist 9: S.15-19, 2005.

LEINS, U.: Train your brain. Neurofeedback für Kinder mit einer Aufmerksamkeitsdefizit-/ Hyperaktivitätsstörung (ADHS). Online-Publikation, 2004.

MYERS, D.G.: Psychologie, Springer Verlag, 2014

SCHRÖGER, E.: Biologische Psychologie, VS Verlag für Sozialwissenschaften, Springer Fachmedien, Wiesbaden GmbH, 2010.

STREHL, U./LEINS, U./DANZER, N./HINTERBERGER, T./SCHLOTTKE, P.F.: EEG-Feedback für Kinder mit einer Aufmerksamkeitsdefizit- und Hyperaktivitätsstörung (ADHS) – erste Ergebnisse aus einer randomisierten, kontrollierten Pilotstudie. In: Kindheit und Entwicklung 13, 2004.

Internetquellen

Deutsche Sporthochschule Köln – Wachstumshormon, https://www.dshs-koeln.de/institut-fuer-biochemie/doping-substanzen/doping-lexikon/w/wachstumshormon-growth-hormone-gh/ (Stand: 25.03.2020)

Ken Hub - Peripheres Nervensystem, https://www.kenhub.com/de/library/anatomie/anatomie-des-peripheren-nervensystem, (Stand: 26.03.2020)

Abbildungsverzeichnis

Abbildung 1: eigene Darstellung mit Anlehnung an Myers, 2014, S.59

BEI GRIN MACHT SICH IHR WISSEN BEZAHLT

- Wir veröffentlichen Ihre Hausarbeit,
  Bachelor- und Masterarbeit

- Ihr eigenes eBook und Buch -
  weltweit in allen wichtigen Shops

- Verdienen Sie an jedem Verkauf

Jetzt bei www.GRIN.com hochladen
und kostenlos publizieren